Animales músicos

Pedro Alcalde
Julio Antonio Blasco

ediciones
Lectio

Primera edición: Septiembre 2017
Idea original: Zahorí de Ideas
© 2017 de los textos, Pedro Alcalde
© 2017 de las ilustraciones y el diseño, Julio Antonio Blasco
© 2017 de la edición original, Zahorí de Ideas

Diseño y maquetación: Julio Antonio Blasco
Correcciones: Diana Novell y Miguel Vándor

© 2017 de la edición en castellano, 9 Grupo Editorial
Lectio Ediciones
Muntaner, 200, ático 8ª - 08036 Barcelona
Tel. 977 60 25 91 / 933 63 08 23
lectio@lectio.es
www.lectio.es
ISBN: 978-84-16918-14-0
DL: T 700-2017

Impreso en Barcelona

Todos los derechos reservados. Esta publicación no puede reproducirse ni transmitirse en todo ni en parte, de ninguna forma ni por ningún medio, electrónico o mecánico, incluyendo fotocopia, grabación o cualquier sistema de almacenamiento, sin el permiso previo escrito de los editores.

Animales músicos

- **04.** Dueto al amanecer
- **06.** La jungla *remix*
- **08.** La coral del crepúsculo
- **10.** El cantante nocturno
- **12.** Serenata para telaraña
- **14.** Copiando a Mozart
- **16.** Cantando en el océano
- **18.** Más difícil de lo que parece
- **20.** El *hit* del verano
- **22.** La belleza de la libertad
- **24.** Canciones de amor ultrasónicas
- **26.** La afinación perfecta
- **28.** Música sobresaliente
- **30.** La canción de las alas

GIBÓN

El gibón es un simio flaco, sin cola y con los brazos muy largos. Vive como un acróbata en lo alto de los árboles donde come, juega, duerme y también canta. Su poderosa voz puede llegar a oírse hasta a 2 kilómetros de distancia.

Los jovencitos se quedan con sus padres hasta los 6 años.

El modo que tienen de desplazarse por los árboles con la ayuda de los brazos se llama braquiación.

Dueto al amanecer

Todas las mañanas, cada pareja de gibones dedica un dueto a la salida del sol. Para proyectar su voz a través de la densa vegetación en la que viven, utilizan la misma técnica vocal que las estrellas de la ópera. ¡Son los divos de la jungla!

Cómo lo hacen

Producir con la voz un tono que sea agudo y fuerte a la vez no es nada fácil. Los gibones, cuando cantan, ajustan con gran precisión todos los componentes de su instrumento vocal, incluidas la boca y la lengua. Ninguna otra familia de simios es capaz de conseguirlo y en los humanos es una técnica reservada a los cantantes profesionales. Los gibones la practican diariamente con sus padres desde niños. Cuando acaban los estudios son ya unos grandes maestros del bel canto.

La música

- Durante el dueto, la pareja combina sus respectivas partes musicales para producir una canción nueva y propia.
- Los machos desarrollan progresivamente sus frases musicales de cortas y simples a largas y complicadas.
- Aunque a veces cantan juntos, normalmente la pareja ejecuta sus partes alternadas: procedimiento musical de llamada y respuesta que en la música clásica se conoce con el nombre de antífona.

Viven en familia y las parejas suelen permanecer unidas toda la vida.

CRÉDITOS DE PRODUCCIÓN

CONCIERTO:
DUETO AL AMANECER

CUÁNDO:
TODAS LAS MAÑANAS DEL MUNDO.

AUDITORIO:
LA CIMA DEL ÁRBOL

DURACIÓN:
ALREDEDOR DE UNA HORA

COMPOSITOR:
SR. Y SRA. GIBÓN

COPYRIGHT:

Gibón

Características:

Tamaño: de 44 a 60 cm.
Peso: de 4 a 8 kg.
Tiempo de vida: 30 años.
Hábitat: los bosques lluviosos del sudeste de Asia (Birmania, Tailandia, península malaya y norte de Sumatra).
Comportamiento: son animales sociales activos durante el día. Cada grupo familiar cubre una distancia territorial de entre 14 y 40 ha.
Alimentación: comen básicamente fruta, pero también hojas, flores, semillas o raíces. También comen insectos, arañas, huevos o pequeños pájaros.
Enemigos: debido a la caza y a la rápida deforestación de sus hábitats, son una especie en grave peligro de extinción.

AVE-LIRA SOBERBIA

El ave-lira es un pájaro que vive en el suelo de los bosques lluviosos de Australia. Se llama así porque tiene una hermosa cola en forma de lira, el instrumento musical de la Antigua Grecia.

Es probablemente el pájaro cantor más antiguo del planeta; ¡tiene más de 15 millones de años de antigüedad!

Cada año, cuando acaba el invierno, pierde su vistosa cola y vive como un "don nadie" en verano.

La jungla remix

Muchos pájaros son capaces de copiar el canto de sus vecinos, pero el ave-lira hace de esta capacidad una virtud. Compone sus remezclas con las canciones de otros pájaros. Puede incorporar los sonidos de alarmas, ladridos, bocinas e incluso de las motosierras que talan su propio bosque.
¡Es la canción de la jungla!

Cómo lo hacen

Después de construir cuidadosamente su escenario entre la densa vegetación, el ave-lira se prepara para el *show*. Puede imitar casi cualquier sonido que escuche para utilizarlo en sus conciertos y danzas. Su canción es un *collage* de versiones con el objetivo de impresionar y atraer a su chica. Cuanto más rara y divertida sea la sesión, más probabilidades tendrá de seducirla. Aunque, a lo mejor, lo hace porque le divierte: ¡muy raramente se ve a nadie escuchando!

La música

- El ave-lira puede imitar más de 20 especies de pájaros en una sola sesión.
- La unidad de la composición está asegurada por la reaparición de diferentes partes y porque transporta todo el material a la misma tonalidad de base.
- La canción de cortejo del ave-lira no solo contiene elementos melódicos, sino que cuenta también con numerosos efectos de sonido.
- Su rango vocal es muy amplio: ¡5 octavas!

El ave-lira tiene solo tres pares de músculos en la siringe, en vez de los cuatro usuales en los pájaros cantores, lo que le da una mayor flexibilidad para la imitación.

CRÉDITOS DE PRODUCCIÓN

CONCIERTO:
LA JUNGLA REMIX

CUÁNDO:
EN INVIERNO, DURANTE LA ÉPOCA DEL CORTEJO

AUDITORIO:
DISCOTECA LA JUNGLA

DURACIÓN:
UNOS 20 MINUTOS

COMPOSITOR:
DJ AVE-LIRA

COPYRIGHT:

Ave-lira soberbia
Características:

Tamaño: de 80 a 100 cm (incluyendo su cola de 55 cm).
Peso: alrededor de 1 kg.
Tiempo de vida: hasta 30 años.
Hábitat: la jungla del sudeste de Australia y Tasmania.
Comportamiento: no suele alejarse de su casa.
Alimentación: come principalmente gusanos, arañas, cucarachas, escarabajos, larvas, ciempiés, lagartos pequeños, caracoles, ranas y también semillas.
Enemigos: perros, gatos y zorros.

LOBO

El lobo es un animal mamífero y carnívoro de la misma especie que los perros domésticos. Antes había muchos en todo el hemisferio norte, pero hoy en día habitan una limitada parte de lo que era su enorme territorio.

Cada lobo tiene una glándula odorífera en la cola que le da un olor único y personal.

La coral del crepúsculo

Cuando se acerca la noche y justo antes de salir a cazar, el coro mixto de lobos se reúne con el mismo entusiasmo con que los jugadores de un equipo deportivo cantan su himno antes de empezar una final mundial. En un ambiente de celebración, cantan y disfrutan escuchando sus ecos en la montaña. Después de la caza, si ha sido un éxito y nadie ha resultado herido, vuelven a reunirse para realizar un último canto de agradecimiento.

Cómo lo hacen

La música suele empezar con una nota simple. El resto de los componentes del coro entra a continuación. Durante la sesión coral, cada uno de los lobos o lobas irá eligiendo una nota diferente. Con sus distintas modulaciones y una gran producción de armónicos, parece que el número de los cantantes sea mucho mayor. ¡Si alguien lo escuchara sin verlos creería que más que de un coro de cámara se trata de un verdadero orfeón!

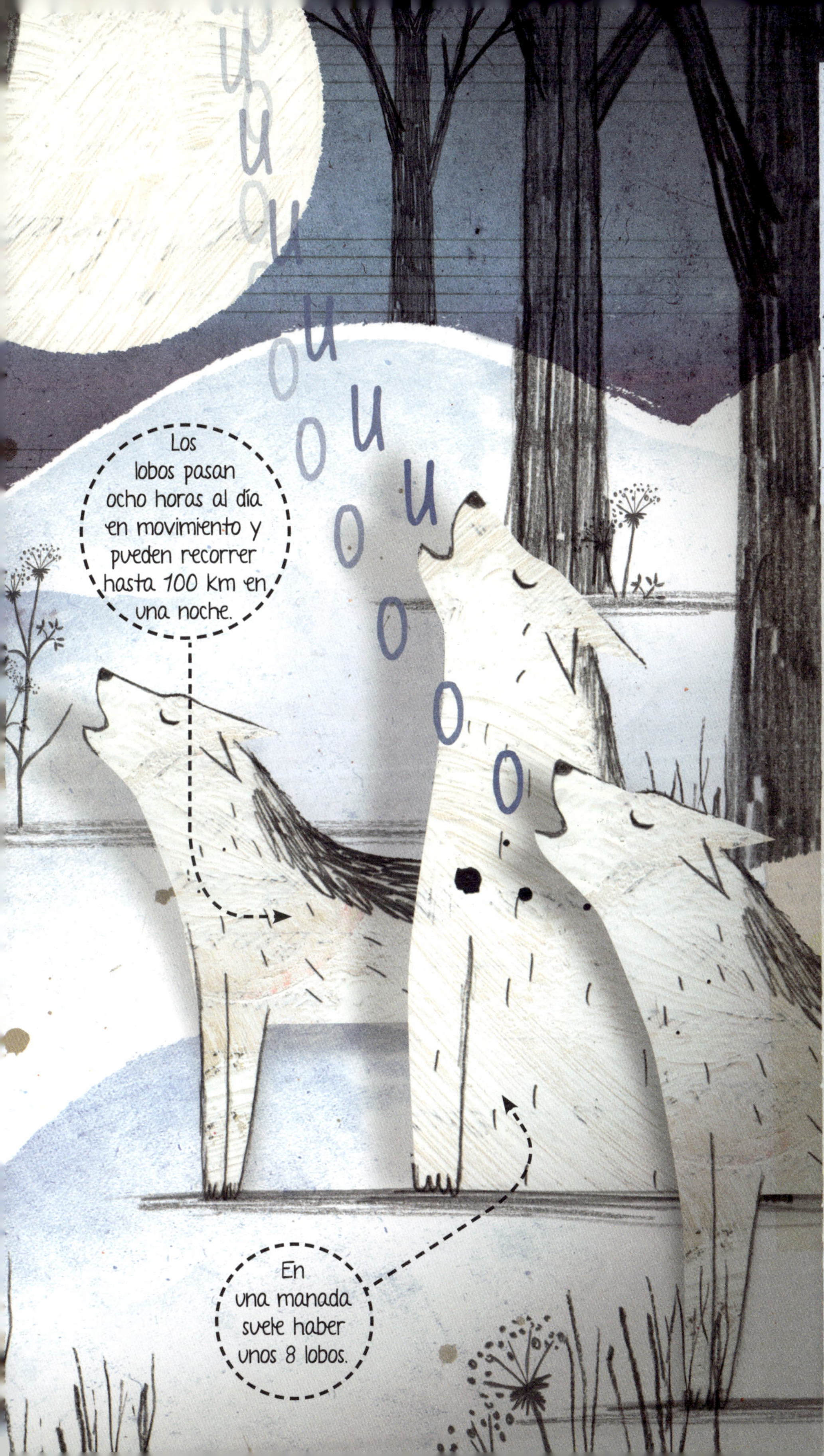

Los lobos pasan ocho horas al día en movimiento y pueden recorrer hasta 100 km en una noche.
En una manada suele haber unos 8 lobos.

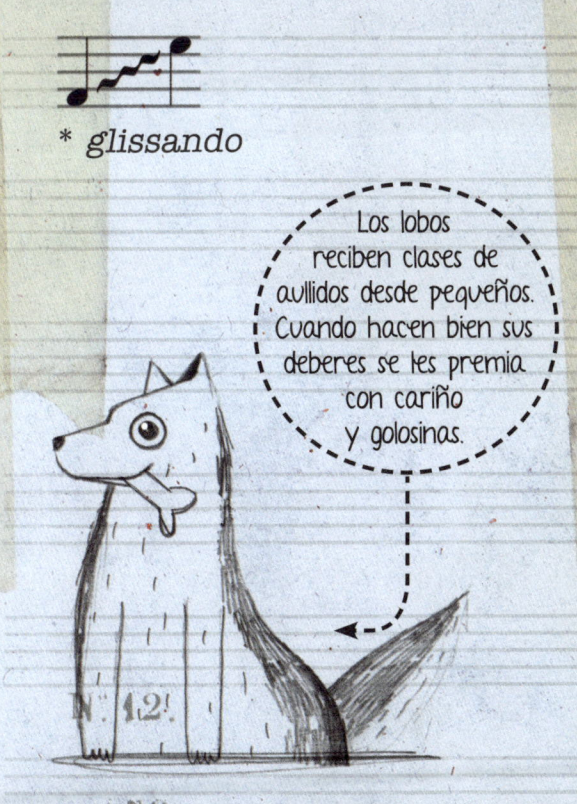

La música

- La nota fundamental de un aullido tiene frecuencias similares a las de la voz humana y puede contar con hasta 12 armónicos.
- Cada aullido puede cambiar de nota hasta cuatro o cinco veces.
- Los lobos son grandes maestros del arte de deslizar una nota hacia otra *(glissando)**.
- Los lobos machos tienden a producir un sonido de «O», mientras que ellas producen un sonido más nasal de «U».
- El coro de lobos puede oírse a una distancia de 10 km en el bosque o de 16 km en la tundra.

* *glissando*

Los lobos reciben clases de aullidos desde pequeños. Cuando hacen bien sus deberes se les premia con cariño y golosinas.

The Wolfs
TWILIGHT CHORUS

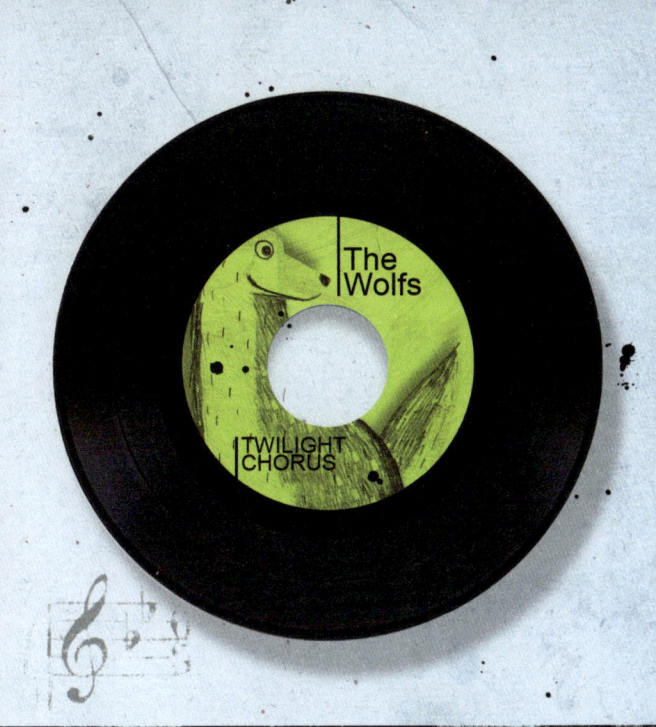

CRÉDITOS DE PRODUCCIÓN

CONCIERTO:
LA CORAL DEL CREPÚSCULO

CUÁNDO:
AL ATARDECER
(antes de salir a cazar)

AUDITORIO:
EL ANFITEATRO DEL VALLE

DURACIÓN:
UN MINUTO APROXIMADAMENTE

COMPOSITOR:
LOS LOBOS Y LOBAS DEL CORO

COPYRIGHT:

9

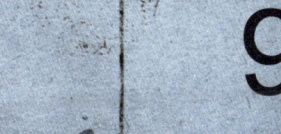

Lobo

Características:

Altura: entre 60 y 80 cm.
Longitud: del hocico a la punta de la cola, entre 1,3 y 2 m.
Peso: entre 32 y 70 kg.
Tiempo de vida: entre 8 y 14 años.
Hábitat: en el hemisferio norte a partir de 30º de latitud en gran variedad de ecosistemas (bosques, montañas, tundras, taigas o praderas).
Comportamiento: se organizan en manadas siguiendo una jerarquía social estricta. Un macho y una hembra lideran el grupo.
Alimentación: ovejas, cabras, cerdos, ciervos, antílopes, renos, caballos, alces o bisontes, pero también salmones, roedores o aves.
Enemigos: el principal es el ser humano, que lo caza por la amenaza que representa para el ganado o por deporte.

RUISEÑOR

El ruiseñor es un pájaro pequeño de color café y cola rojiza. A finales de abril canta sus apasionadas canciones escondido entre los arbustos. El ruiseñor es también un símbolo de la primavera y del amor y ha inspirado gran cantidad de poesías, canciones, óperas y cuentos de hadas en todo el mundo.

La canción del ruiseñor se ha interpretado usualmente como un lamento, pero también son muchos los que la consideran alegre.

La Sexta Sinfonía de Beethoven incluye, en su segundo movimiento, una famosa imitación del canto del ruiseñor. Muchos compositores han dedicado alguna de sus obras a su canto.

El cantante nocturno

El ruiseñor suele cantar cuando las otras aves dejan de hacerlo: por la noche. Su canto adquiere así una importancia extraordinaria al ser el único que canta a esas horas. Además, lo hace con notas fuertes y claras como si se tratase de un asunto de máxima urgencia.

La música

- El ruiseñor tiene un gran repertorio y eso lo hace único entre los pájaros cantores europeos. Se han llegado a contar hasta 260 estrofas diferentes.
- Las estrofas se componen de varios tonos, tanto simples como compuestos.
- A veces, un ruiseñor cercano puede devolver el canto y continuar con otro.
- Los ruiseñores aprenden su repertorio durante su primer año de vida.

> En las ciudades, los ruiseñores cantan todavía más fuerte y un poco más agudo para compensar el fuerte ruido del ambiente urbano.

Cómo lo hacen

El canto del ruiseñor es uno de los más completos de todas las aves. Su fama es bien merecida. Y es que sus interpretaciones son propias de un virtuoso: su rango de notas es grande, sus variaciones de volumen y timbre son muchas, usa notas largas y otras muy cortas, y, además, cuenta con una gran variedad de efectos sonoros especiales con los que acompaña sus canciones. Su decisión y habilidad hacen que sus estrofas nunca parezcan iguales. Por eso, cuando alguien canta bien, se dice que... ¡canta como un ruiseñor!

CRÉDITOS DE PRODUCCIÓN

CONCIERTO:
NOCTURNOS DE AMOR

CUÁNDO:
ENTRE ABRIL Y JUNIO

AUDITORIO:
LA RAMA MÁS BAJA

DURACIÓN:
ESTROFAS DE 2 A 4 SEGUNDOS
durante horas hasta el amanecer

COMPOSITOR:
RUISEÑOR TROVADOR

COPYRIGHT:

Ruiseñor
Características:

Tamaño: 15-17 cm.
Peso: 18-28 g.
Tiempo de vida: hasta 5 años.
Hábitat: bosques, parques o jardines de Europa y Asia en verano. Los inviernos los pasa en el África tropical. Vuelve siempre al mismo lugar para construir su nido.
Comportamiento: hace los nidos a mediados de mayo entre la vegetación, casi tocando el suelo.
Alimentación: come principalmente insectos.
Enemigos: las lechuzas, gatos y lagartos, pero también los insecticidas usados en la agricultura.

ARAÑA CRUZ DE SAN ANDRÉS

Se llama así por el adorno en forma de asta, propia de la cruz del apóstol San Andrés, que dibuja en el centro de su tela. La teje ella, que es mucho más grande que él. El apareamiento es muy peligroso para el macho, pues se arriesga a ser devorado por la hembra en cuanto aparece sobre su tela. Sus posibilidades de éxito dependen de su capacidad para ofrecerle un buen concierto.

Serenata para telaraña

El macho de esta araña es un virtuoso intérprete de arpa-telaraña. Como un trovador medieval, se acerca al balcón de su amada para ofrecerle una serenata. Ellas tienen poca visión, pero cuentan con una excelente sensibilidad a las vibraciones que les llegan a través de su tela. El concierto tiene que ser perfecto o podría ocurrir que el pretendiente acabase de golpe con su carrera musical.

Cómo lo hacen

La serenata empieza siempre con un movimiento agitado. Hay que tocar las cuerdas muy rápidamente al acercarse a la hembra. Esta música, bien interpretada, la calma y reduce las probabilidades de que el concierto, nada más empezar, se convierta en un banquete caníbal. Finalmente, nuestro trovador teje su propio hilo de seda en la telaraña. Sobre ella interpretará con sus seis patas frontales los momentos musicales más íntimos de la velada.

Después del apareamiento, la hembra coloca su saco de huevos en la tela. El saco contiene entre 400 y 1.400 huevos.

La música

- Utiliza tres técnicas de ejecución: presionar la tela, golpearla con la barriga o rasgarla con las patas.
- Ella escucha a través de los hilos que van hacia el centro porque son los más tensos y propagan mejor las vibraciones.
- Las arañas no aplauden, pero, si a ella le gusta el concierto, se acerca y se cuelga del hilo de seda creado por el músico.
- Al igual que con la princesa Turandot en la ópera de Puccini, los pretendientes de esta araña arriesgan su vida en el cortejo.

La cruz de seda refleja la luz ultravioleta, que atrae a los insectos.

Ella se cuelga siempre boca abajo con sus patas colocadas a lo largo de cada brazo de la cruz.

Cuando llega una presa a su tela, lanza rayos de seda blanca para inmovilizarla antes de la mordedura mortal.

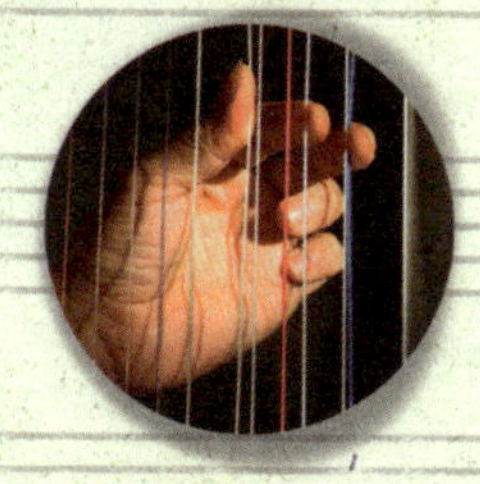

CRÉDITOS DE PRODUCCIÓN

CONCIERTO:
SERENATA PARA TELARAÑA

CUÁNDO:
VERANO Y OTOÑO

AUDITORIO:
LA RED

DURACIÓN:
ENTRE 10 Y 90 MINUTOS

COMPOSITOR:
ARAÑA X

COPYRIGHT:

13

Araña cruz de San Andrés

Características:

Tamaño: 3-4 mm el macho y 10-16 mm la hembra.
Peso: entre 0,3 y 1 g.
Tiempo de vida: 1-2 años.
Hábitat: el este de Australia. Desde la selva tropical hasta los suburbios de las ciudades.
Comportamiento: pasa la mayor parte del tiempo en su red. Cuando se siente amenazada, responde dejándose caer de la tela o sacudiéndola con tanta fuerza que consigue confundir a su atacante.
Alimentación: come moscas, mariposas, polillas y abejas.
Enemigos: mántidos y pájaros.

ESTORNINO

El estornino es un pájaro cantor de color negro con un brillo verde o púrpura salpicado de color blanco. Son mascotas muy cariñosas con sus dueños. Cuando viven en libertad les gusta mucho volar en bandada y crean formas maravillosas en el cielo.

Copiando a Mozart

Hace mucho tiempo, exactamente el 27 de mayo de 1784, el grandísimo compositor Wolfgang Amadeus Mozart compró un estornino como mascota. Poco después anotó la música que su pájaro cantaba y no resultó otra cosa que el tema de uno de sus conciertos para piano. ¿De dónde había sacado la melodía el estornino? Posiblemente fue el mismo Mozart el que se la enseñó sin darse cuenta. Se dice que Mozart siempre estaba silbando. Y, zas, ¡el estornino se la aprendió al vuelo!

Cómo lo hacen

Para poder copiar una canción, primero hay que querer hacerlo; después hay que poder hacerlo y, finalmente, se debe poner mucha atención cuando se escucha. Pero el estornino no solo copia, tal vez no sea el mejor melodista del mundo aviar, pero sí es muy hábil en la forma de estructurar sus canciones. Siempre empieza con una serie de tonos puros seguida de la parte principal de la canción. A partir de ahí, sigue unas secuencias variables que con frecuencia incorporan fragmentos de canciones imitadas. Una explosión final de canto suele acabar la sesión.

Durante la migración, pueden alcanzar velocidades de hasta 80 km/h y recorrer distancias de 1.500 km.

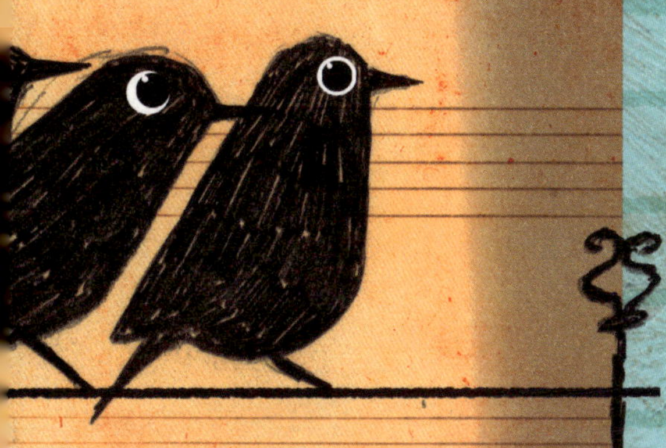

En 1949 se posaron tantos estorninos encima de las manecillas del famoso Big Ben de Londres que este se paró de golpe.

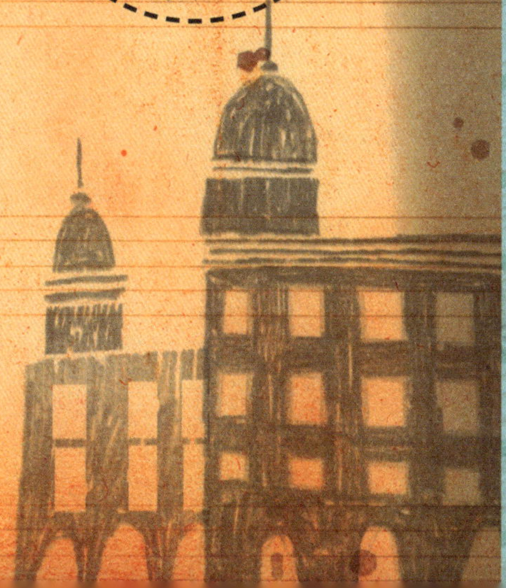

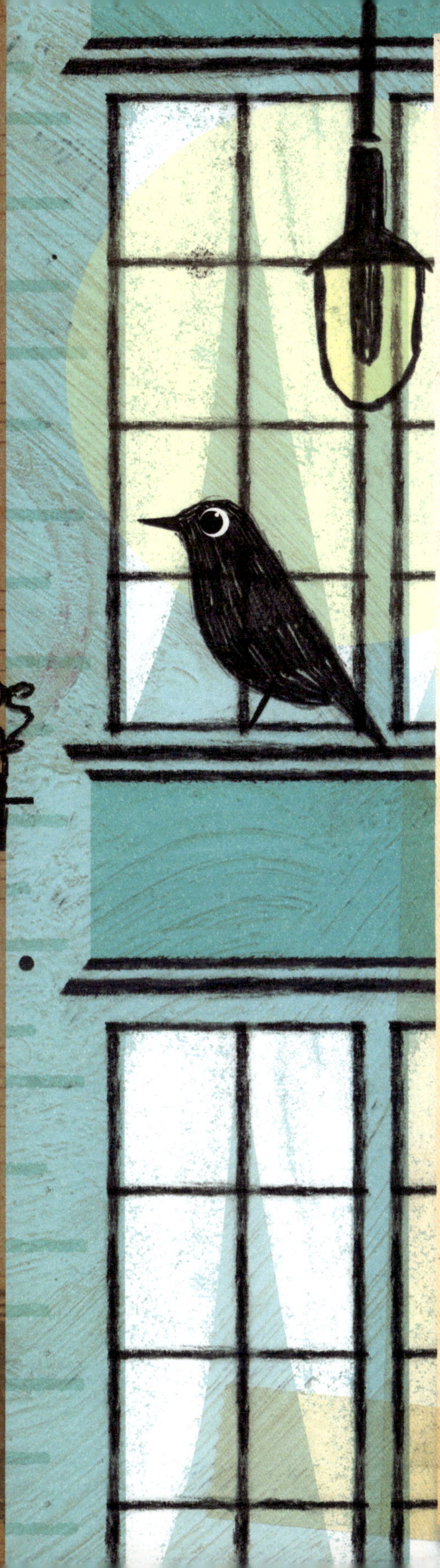

La música

- Cada estornino tiene su propio repertorio. Puede llegar hasta 35 tipos de canción variable y 14 tipos de chasquidos.
- Tiene tendencia a cantar fuera de la escala y a hacer pausas inesperadas en la mitad de las frases.
- A veces se distrae y no acaba su canción. Si esto ocurre, suele volver a empezar.
- Las canciones se componen de una considerable variedad de técnicas: silbidos, trinos, chirridos, traqueteos y gorjeos.

Mozart anotó en su cuaderno las diferencias entre su partitura y la del canto del estornino.

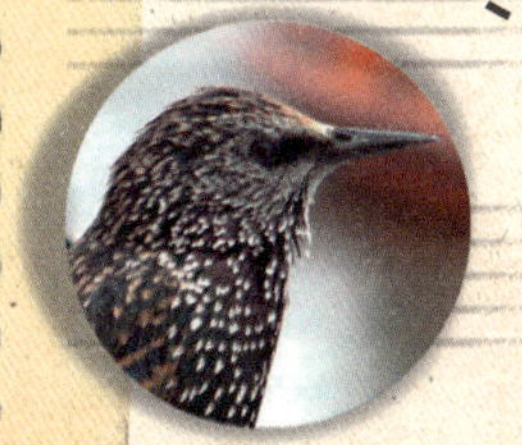

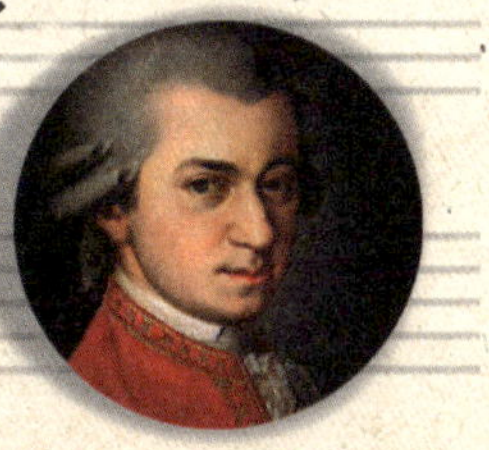

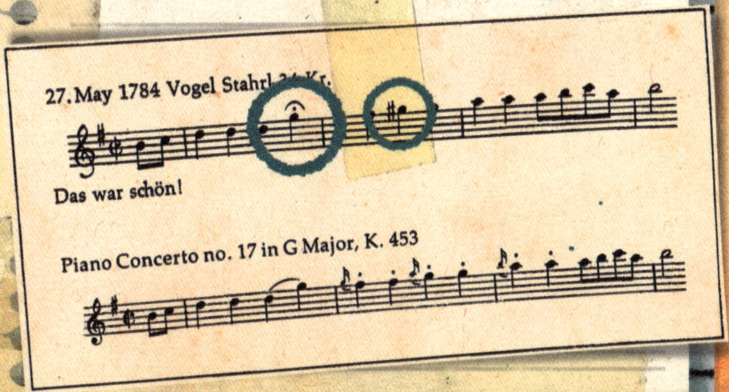
27. May 1784 Vogel Stahrl
Das war schön!
Piano Concerto no. 17 in G Major, K. 453

"COPYING MOZART"
Singing Starlight

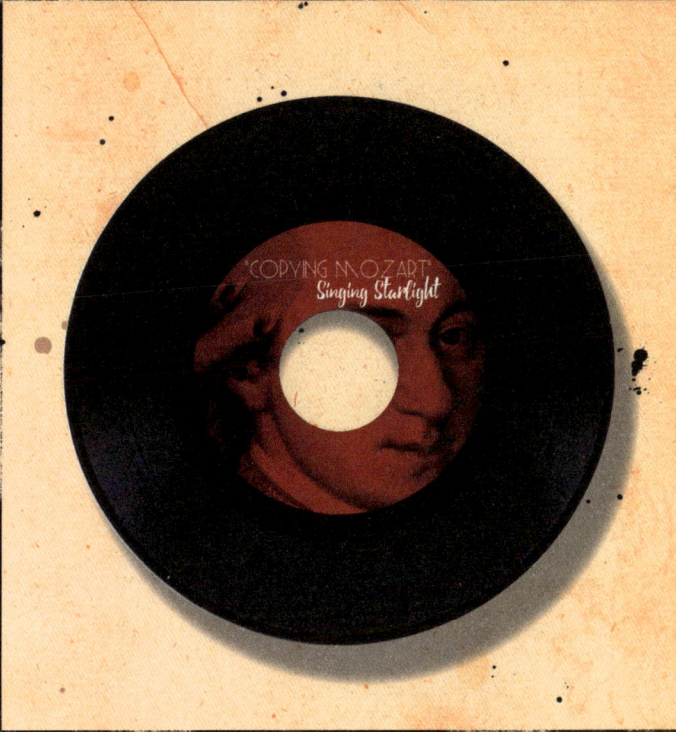

CRÉDITOS DE PRODUCCIÓN

CONCIERTO:
COPIANDO A MOZART

CUÁNDO:
TODO EL AÑO

AUDITORIO:
EN CUALQUIER LUGAR

DURACIÓN:
UNOS MINUTOS

COMPOSITOR:
ESTORNINO CANTARINO

COPYRIGHT:

15

Estornino

Características:

Tamaño: 20 cm de largo.
Peso: de 60 a 100 g.
Tiempo de vida: de 2 a 3 años.
Hábitat: Europa, el norte de África y Asia Occidental son sus hábitats naturales, pero fue introducido en América y Australia y ahora es muy común allí. Se adapta fácilmente a gran variedad de hábitats.
Comportamiento: es un ave migratoria que se desplaza hacia el sur en invierno. Es muy sociable y forma grandes bandadas.
Alimentación: es omnívoro. Se alimenta sobre todo de insectos, semillas y frutas.
Enemigos: halcones, gavilanes, y también armiños, mapaches y ardillas.

BALLENA JOROBADA

La ballena jorobada es uno de los cetáceos más grandes del mundo. Tiene el dorso de color negro, la cabeza repleta de bultos y unas enormes aletas que pueden llegar a medir más de 5 m de largo.

Estos gigantes oceánicos no son peces, sino mamíferos, y necesitan subir regularmente a la superficie para respirar.

Cantando en el océano

En 1955, en medio de la llamada Guerra Fría, se instalaron unos micrófonos marinos ultrasecretos cerca de las islas Bermudas para grabar el movimiento de los submarinos rusos. El resultado proporcionó horas y horas de grabaciones con los más extraños sonidos. Eran las canciones de las ballenas jorobadas. Pasados más de quince años se publicó un disco que llegó a vender más de treinta millones de copias. ¡Todo un superventas!

Cómo lo hacen

Las ballenas jorobadas emiten sus sonidos al presionar el aire por los enormes conductos y estructuras de su aparato respiratorio. El aire nunca sale fuera cuando cantan, pero consiguen resistir hasta 30 minutos sin respirar. Los sonidos que componen las canciones son muy variados. Utilizan notas fijas o deslizadas en todos los registros de graves y agudos. También gruñen, producen sonidos con su doble orificio nasal, llamado espiráculo, o ejecutan pulsos para añadir un poco de ritmo.

Las hembras también vocalizan, pero no participan en las canciones.

Cada población de ballenas jorobadas tiene su propia línea migratoria. La más larga es la que va de la Antártica hasta las costas de Panamá y Colombia.

A menudo, incluyen acompañamientos no vocales al golpear el agua con sus aletas.

Las ballenas siempre cantan sus canciones boca abajo.

La música

- Las canciones de las ballenas jorobadas están estructuradas de forma compleja con frases, temas, rimas y variaciones.
- Cada población de ballenas jorobadas canta una misma canción, que irá modificando a lo largo del tiempo.
- Cada canción consta de varios temas presentados en orden y dura entre 10 y 30 minutos.
- En una sesión de canto se repite la misma canción durante un día entero. Son los conciertos más largos del reino animal.

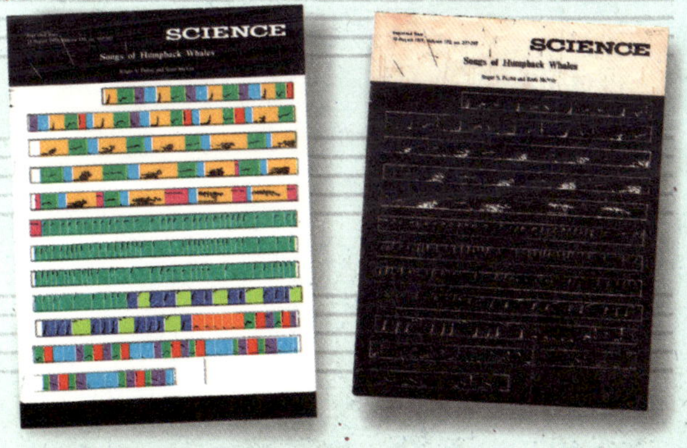

CRÉDITOS DE PRODUCCIÓN

CONCIERTO:
CANTANDO EN EL OCÉANO

CUÁNDO:
TODO EL AÑO

AUDITORIO:
LOS OCÉANOS

DURACIÓN:
HASTA 24 HORAS

COMPOSITOR:
LOS BALLENA

COPYRIGHT:

17

Ballena jorobada

Características:

Tamaño: de 15 a 17 m los machos y 17-18 m las hembras.
Peso: hasta 40.000 kg.
Tiempo de vida: 50 años.
Hábitat: los océanos de todo el mundo, excepto el Ártico. Están agrupadas en 14 poblaciones diferenciadas por zonas geográficas.
Comportamiento: recorre por los océanos hasta 25.000 km al año. La población del golfo Pérsico no es migratoria. Le gusta mucho saltar y hacer acrobacias fuera del agua.
Alimentación: come kril, plancton y peces pequeños. Puede llegar a ingerir hasta 2.000 kg al día.
Enemigos: los humanos y las orcas.

CARDENAL NORTEÑO

El cardenal norteño es una preciosa ave cantora de color rojo. Por si su maravilloso color fuese poco, adorna su cara con una máscara negra, y su cabeza, con un divertido penacho. Su presencia alegra los fríos inviernos allí donde vive y su bonito canto anuncia la llegada de la primavera.

Cuando está agitado, eleva las plumas de su penacho.

Más difícil de lo que parece

Al igual que ocurre con otras aves cantoras, la canción del cardenal suena suave y pura. Sin embargo, la forma en que produce sus sonidos es verdaderamente compleja.

Cómo lo hacen

La siringe es el órgano vocal de los pájaros cantores. Se divide en dos al llegar a los pulmones y, por ello, cuentan con dos instrumentos musicales en vez de uno. Así, lo que nos parece un bello y único sonido es en realidad la mezcla de dos. El cardenal necesita un control perfecto en el cambio del lado izquierdo al derecho de la siringe para interpretar sus canciones. ¡Este cambio lo hace hasta 16 veces por segundo!

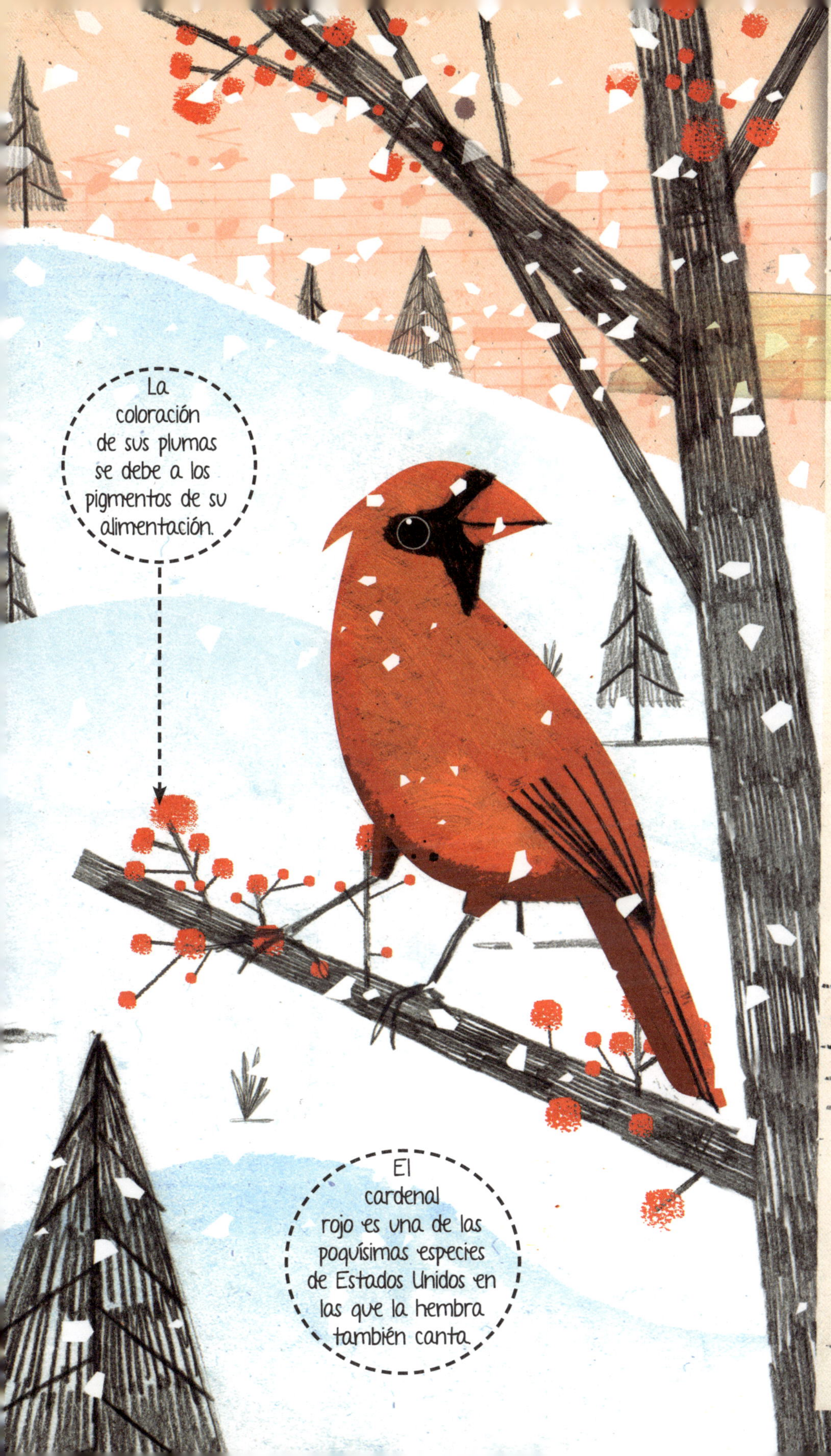
La coloración de sus plumas se debe a los pigmentos de su alimentación.
El cardenal rojo es una de las poquísimas especies de Estados Unidos en las que la hembra también canta.

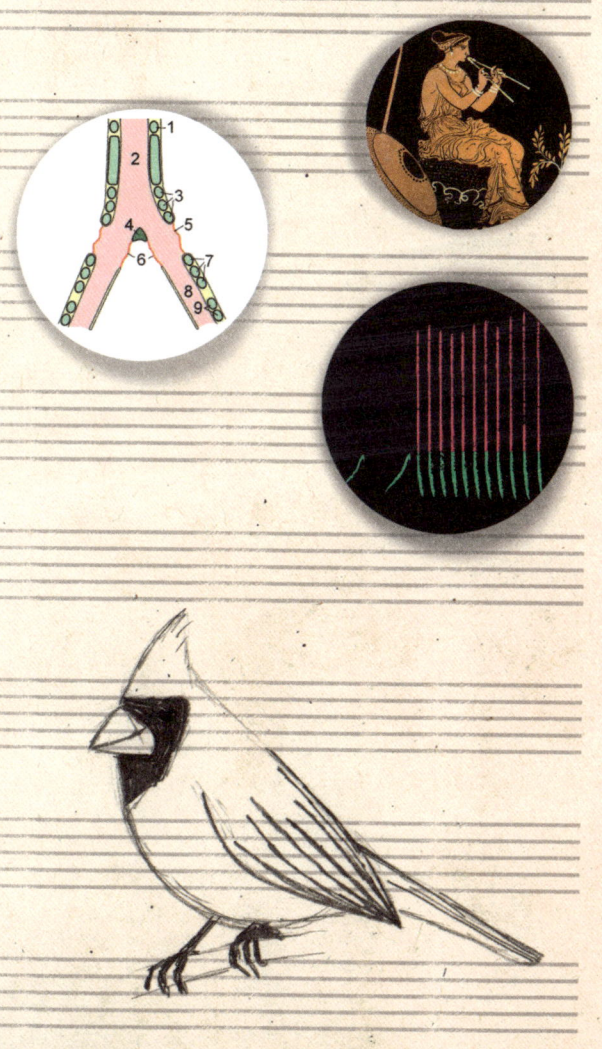

La música

- La canción empieza con un grupo de sonidos ascendentes, seguidos de otros descendentes más cortos.
- En alguno de sus deslizamientos vocales, el cardenal norteño parece disponer de más tonos que un piano.
- El macho es el que enseña a los polluelos, machos y hembras, a cantar.

1
2
3
4
5
6
7
8
9

Harder than it looks
The Cardinal

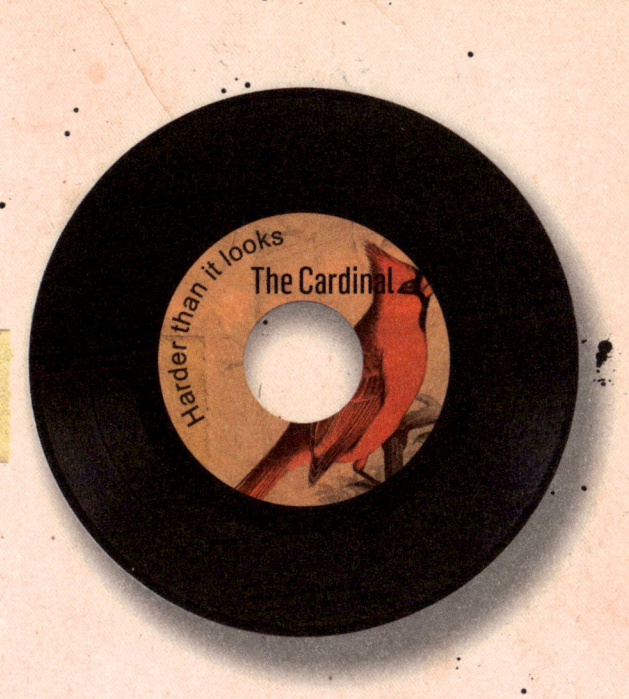

CRÉDITOS DE PRODUCCIÓN

CONCIERTO:
MÁS DIFÍCIL DE LO QUE PARECE

CUÁNDO:
TODO EL AÑO
aunque, sobre todo, en primavera y verano

AUDITORIO:
LAS RAMAS

DURACIÓN:
VARIAS SECUENCIAS DE ENTRE 2 Y 3 SEGUNDOS

COMPOSITOR:
EL CARDENAL

COPYRIGHT:

Cardenal norteño

Características:

Tamaño: de 21 a 23 cm.
Peso: 45 g.
Tiempo de vida: hasta 15 años.
Hábitat: los bosques, jardines y pantanos del centro y del norte de América.
Comportamiento: son pájaros muy territoriales y delimitan su espacio con el canto.
Alimentación: comen predominantemente semillas, aunque también se alimentan de insectos o fruta.
Enemigos: aves rapaces, ardillas, serpientes y gatos domésticos.

CIGARRA

La cigarra es un insecto con varios miles de especies distribuidas por todo el mundo. Tiene las antenas pequeñas, los ojos compuestos y dos pares de alas membranosas y transparentes. No sabe saltar muy bien, pero puede desplazarse cómodamente usando sus alas.

La ninfa vive debajo de la tierra, entre dos y diecisiete años según la especie.

El *hit* del verano

La cigarra macho tiene medio cuerpo convertido en todo un timbal. Podría decirse que está siempre loco de amor y por eso toca su timbal con gran tenacidad y energía. Su actividad musical aumenta durante las horas más calurosas del día. ¡Los veranos no serían los mismos sin sus conciertos!

La música

- La cigarra modula el sonido posicionando sus timbales en direcciones diferentes.
- Cada especie combina los golpes de timbal de forma distinta para reconocerse entre ellas.
- Al producir el sonido, el músico desactiva su oído para no dañarlo.
- A medida que se va acercando a su futura pareja, la música se hace más delicada.

Cuando varias cigarras sobreponen sus músicas en un único concierto no dejan a nadie indiferente.

Cómo lo hacen

A diferencia de los grillos o los saltamontes, la cigarra no frota sus alas, o un ala con una pata, sino que hace vibrar unas membranas situadas a cada uno de los lados de su abdomen. Cada sílaba de su estrofa es un ir (cric) y venir (cric) de la membrana timbal. En los machos, el abdomen está casi todo vacío y funciona como caja de resonancia, como si del cuerpo de una guitarra flamenca se tratase.

CRÉDITOS DE PRODUCCIÓN

CONCIERTO:
EL HIT DEL VERANO

CUÁNDO:
EN LAS HORAS DE MÁS CALOR

AUDITORIO:
LA ARBOLEDA

DURACIÓN:
VARIABLE

COMPOSITOR:
CICADA HIT

COPYRIGHT:

Cigarra

Características:

Tamaño: entre 15 y 65 mm de largo.

Peso: 25 g.

Tiempo de vida: de 2 a 17 años, según la especie, como ninfa y un verano como adulta.

Hábitat: de adulta vive en los árboles de climas templados o tropicales.

Comportamiento: después de un largo período como ninfa, realiza una muda y se transforma por un verano en adulta con alas.

Alimentación: come la savia de árboles y plantas.

Enemigos: pájaros, ardillas, murciélagos, arañas o la gastronomía china *Shandong*, que la cocina frita como *delicatessen*.

CANARIO SILVESTRE

El canario silvestre es un pequeño pájaro amarillo verdoso con rayas de color castaño en el lomo y las alas. Toma su nombre de las islas Canarias y vive en toda la Macaronesia.

Su rápido trino es parecido al del jilguero, y es que son de la misma familia.

La belleza de la libertad

Tal vez por su talento como cantante, el canario silvestre fue uno de los primeros pájaros capturados para ser vendido como mascota. Han pasado 400 años desde entonces y el canario doméstico se ha trasformado en una subespecie diferenciada. A pesar de que el canario doméstico ha sido educado en escuelas especializadas, con métodos severos y muchos deberes, nunca ha conseguido superar la belleza del sonido del canto en libertad. La naturaleza que rodea al canario silvestre, con sus húmedos bosques de laurisilva, suaviza el color metálico de su timbre y le ofrece la más adecuada sala de conciertos para sus cantos.

Su buena capacidad cantora va unida a su magnífico oído y a una buenísima memoria.

Cómo lo hacen

Los pájaros y los humanos comparten la habilidad de aprender a cantar. El canario es un aprendiz de capacidad asombrosa. Las primeras lecciones las recibe de su padre y las ejercitará diariamente a lo largo de su primer año de vida. Cuando es capaz de reproducir todos los elementos de su canto, se dice que la canción está completa.

La música

- Gracias a una perfecta sincronización de los dos lados de su siringe, consigue trinos muy rápidos y fuertes.
- Puede llegar a dominar hasta 400 elementos diferenciados, en 30 o 40 canciones.
- Su canto no es igual todos los años, pues siempre va variando algún elemento.
- A veces se aprende también el canto de sus vecinos.

La Serinette era una caja de música que se utilizaba para entrenar el canto del canario.

Forma pareja estable y se dividen las tareas diarias del cuidado y la educación de sus crías.

CRÉDITOS DE PRODUCCIÓN

CONCIERTO:
LA BELLEZA DE LA LIBERTAD

CUÁNDO:
TODO EL AÑO

AUDITORIO:
EL BOSQUE DE LAURISILVA

DURACIÓN:
UNOS 25 SEGUNDOS

COMPOSITOR:
CANARIO EL SILVESTRE

COPYRIGHT:

MURCIÉLAGO DE SACOS

El murciélago de sacos es negro con dos líneas blancas destacadas en su espalda. Los murciélagos, aunque tienen alas y vuelan, no son pájaros, son mamíferos. ¡De hecho, son los únicos mamíferos que pueden volar!

Canciones de amor ultrasónicas

Tras el hundimiento del *Titanic* al chocar contra un iceberg en el año 1912, los científicos se aplicaron en resolver el problema de evitar obstáculos en la navegación. Observando el vuelo nocturno del murciélago, imitaron su sistema de orientación. Y así inventaron el sonar, un aparato que lanza ultrasonidos y espera su eco; pero los murciélagos también utilizan los ultrasonidos para susurrar canciones de amor.

Cómo lo hacen

Ya entrada la noche, cuando vuelve a casa, el murciélago de sacos canta una serenata ultrasónica al oído de su amada. Para ello, utiliza un repertorio vocal diferente al que usa para orientarse. En lugar de cortos pitidos ultrasónicos, sus vocalizaciones incluyen trinos, tonos fijos modulados, chasquidos y algún que otro ruido, en motivos organizados en frases y estas, a su vez, en canciones.

Los sacos en las alas de los machos desprenden diferentes olores: cautivantes, para atraer a las hembras; y desagradables, para marcar su territorio.

Canario silvestre

Características:

Tamaño: de 10 a 12 cm.
Peso: de 15 a 20 g.
Tiempo de vida: de 5 a 10 años.
Hábitat: los bosques de las islas Canarias, las Azores y Madeira.
Comportamiento: hace su nido en arbustos y árboles. No es migratorio y es muy social cuando no está en celo. Muchas veces vuela acompañado de más de 100 compañeros.
Alimentación: come semillas, frutos y pequeños insectos.
Enemigos: aves de presa, gatos y los productos químicos utilizados en agricultura.

La música

- Los trinos en diferentes tonos son exclusivos de la serenata amorosa.
- Los tonos son extremadamente ricos en armónicos.
- Casi todas las frecuencias del canto están por encima del nivel de percepción del oído humano.
- A diferencia de todas sus otras vocalizaciones, cantan sus serenatas a un volumen muy bajito.

Solo cantan si su amada les escucha, colgada boca abajo, y acompañan su canción con danzas de alas y perfumes.

Los ultrasonidos son sonidos muy agudos que el oído humano no percibe.

CRÉDITOS DE PRODUCCIÓN

CONCIERTO:
CANCIONES DE AMOR ULTRASÓNICAS

CUÁNDO:
POR LA NOCHE, AL VOLVER A CASA

AUDITORIO:
SALÓN PRIVADO

DURACIÓN:
HASTA UNA HORA

COMPOSITOR:
MURCIÉLAGO LOVE

COPYRIGHT:

25

Murciélago de sacos

Características:

Tamaño: de 5 a 7 cm.
Peso: entre 6 y 9 g.
Tiempo de vida: 6 años.
Hábitat: los bosques tropicales del centro y del sur de América.
Comportamiento: tiene hábitos nocturnos. Durante el día se refugia en los troncos huecos de los árboles. El macho vive con su harén de varias hembras a las que permanece fiel toda su vida. Los machos no cambian de harén, ¡pero sus mujeres, sí!
Alimentación: come insectos cazados al vuelo.
Enemigos: aves rapaces, sobre todo lechuzas, serpientes y trampas humanas.

UIRAPURU

Todo el inmenso río del Amazonas está lleno de leyendas sobre este pájaro. Su musicalidad es prácticamente inigualable. Es tan listo y astuto como escurridizo; por ello ha sido mucho más escuchado que observado.

Se dice que el canto del uirapuru trae muy buena suerte a quien lo escucha.

Su canto es tan melodioso que los demás pájaros se suelen callar para escucharlo.

La afinación perfecta

Si hiciéramos un concurso en todo el mundo animal para ver quién sería capaz de afinar mejor, seguro que el uirapuru sería el vencedor. Es el maestro de las notas afinadas.

Cómo lo hacen

El canto del uirapuru se compone de sonidos puros. Con un timbre aflautado y misterioso, ejecuta sus notas sin sonidos armónicos excesivos ni ningún otro elemento que pueda distraernos. Se concentra en las notas y en los motivos que forma con ellas. Solo canta una semana al año y, cuando no está en su breve período de conciertos, gorjea sin más y pasan desapercibidas sus altas cualidades como músico.

La música

- La melodía siempre está compuesta por intervalos consonantes.
- Las octavas, las quintas y las cuartas son sus intervalos musicales preferidos.
- Varias composiciones de Johann Sebastian Bach se inician con motivos presentes en el canto del uirapuru.

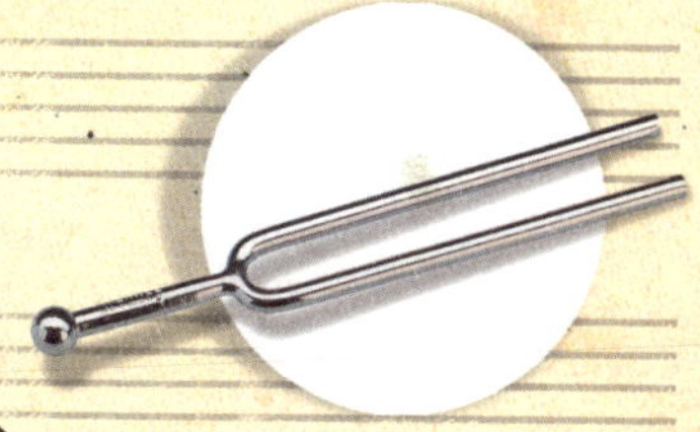

En 1917, el compositor brasileño Heitor Villa-Lobos escribió un poema sinfónico para gran orquesta dedicado al uirapuru.

Solo canta cuando construye su nido a mediados de septiembre.

CRÉDITOS DE PRODUCCIÓN

CONCIERTO:
LA BELLEZA DE LA AFINACIÓN

CUÁNDO:
DE 9 A 12 DÍAS AL AÑO

AUDITORIO:
EL GRAN TEATRO DEL AMAZONAS

DURACIÓN:
DE 7 A 10 MINUTOS, NO MÁS

COMPOSITOR:
UIRAPURU, EL AUTÉNTICO

COPYRIGHT:

27

Uirapuru

Características:

Tamaño: de 11 a 13 cm.
Peso: de 18 a 24 g.
Tiempo de vida: nadie lo sabe con certeza.
Hábitat: la selva amazónica.
Comportamiento: suele desplazarse por las ramas del bosque acompañado de su pareja.
Alimentación: come sobre todo invertebrados y ocasionalmente alguna fruta. Suele perseguir a las colonias de hormigas.
Enemigos: su principal enemigo es la destrucción de su hábitat para la extracción de madera.

RANA DE TORRENTE CHINA

La rana de torrente china habita en los maravillosos montes Huangshan, situados en la provincia china de Anhui. Es de color marrón claro con dos líneas negras que atraviesan su lomo. No sería muy diferente de una rana común si no fuese por sus habilidades especiales a la hora del canto.

Son los únicos vertebrados no mamíferos que producen ultrasonidos.

Música sobresaliente

Todas las ranas y todos los sapos tienen algo común en sus corales: nunca cantan a la vez. De esta manera, distinguen su propia voz de entre las otras. La rana de torrente china tiene un problema añadido: los arroyos y las cascadas en los que vive producen muchísimo ruido. Para hacerse oír, ha desarrollado un impresionante conjunto de soluciones musicales. Es la estrella de la vocalización anfibia.

Cómo lo hacen

Como el sonido del torrente gana la partida en las frecuencias bajas, la rana de torrente china canta siempre en las altas. El repertorio de sus canciones es infinito. En dos horas de canto no suele emitir ningún sonido idéntico. Con la habilidad de un pájaro cantor o de una ballena jorobada, modifica sus notas constantemente y, además, puede añadir o quitar elementos sonoros a sus notas cuando quiere. Y es que es una verdadera acróbata del registro vocal.